人間と教育

欲望・欲求と理性

山本行雄

Yamamoto Yukiwo

文芸社

目次

はじめに

私は、教育的な立場や教育的関連の仕事とは無関係ではある。唯一あるとすれば、家庭の中での父親としての立場であった。しかし、残念ながらその時代には、子どもに対しての基本原則を求め模索途中にあって自信が持てず、不適切な対応をしていたことを思い出す。

なぜ、このような内容の書籍を書くに到ったのかは、古く中学生時代に遡る。以前から、ラジオや新聞でのニュースではいろいろと知ることができた。それは、オリンピックのニュースであったり、株式のニュースであったり、政治経済を問わずさまざまなニュースがラジオから流れていたのである。そうした中で株式相場の上がり下がりや、中東依存の原油の劇的値上がりなどを耳にするうち、ふっと「なぜなんだろう」と疑問に思ったことがあった。

何か、人々は一つの情報に対して共通の反応を起こしている。これは確かだ。そんなことが頭の隅に宿ることになって以後、時は流れ、月日の経つ中で、その疑問の対象は少しずつ移っていった。当初の、数字で確認しやすい経済分野に関わる人々の心理などから、もっと身近な、自身の接している周囲の人々との関係を洞察してみることや、テレビや新聞、ラジオや書物を通して得られる多数の情報の中から、地球上の人間に共通の「心の反応」が存在していることが朧気ながら感じられてきたのである。

こうしたことがきっかけで、いろいろな仮説と実験を重ねていくと、「人間、個々とは何だろうか」というテーマに的が絞られるようになった。その追究の道程の最初に表出してきたのが、誰でも認知している「責任」という言語であった。

そして、追究した末の総論的結果として「責任」「平等性」「人間愛」「個の尊重」「自由」の五つの言語に辿りついたのである。

「責任」「平等性」「人間愛」「個の尊重」「自由」、この五つの言語に対しては、人間すべてと言ってもよいほど、その心の中で無意識のうちに反応を起こす。人間の喜怒哀楽は、上記の五つが心を刺激し、また心に変化を生じさせるのである。そしてこれは、各方面のいろいろな思考や結論、判断や方法論においても大きな基礎となるのである。

たとえば、政治、法律、教育等のさまざまな思考の組み立てなどで、自信が持て、なおかつ正しい論理、思想を求めたとき、「責任」から「自由」までの五つの言語から逃れることは不可能であると言えよう。

また、教育の果たす役割に目を向けたとき、国際的に見ても、各国々においてその教育の内容が各国々の現時点での思考と世論を形づくっていることを考えたとき、国をつくる基本が教育にあることは十分理解できるところである。問題は、教育理論を立ち上げるとき、一人の人間の性質と、その個々の人間が属する社会、その最大限であるところの国家社会に対する熟知の度合いにより、その教育理論が確定することになろう。

「責任」「平等性」「人間愛」「個の尊重」「自由」、これらの言語が包含している人間社会や地域社会における価値は、人間の本質が変質しない以上、永久に、しかもどの国においても普遍的であり、そこには尊さが存在している。そして、すべての人間関係の基になるものであると言えよう。

今、我々が気づかなければならないことは、人間の本質とともに、その人間がつくり営む社会の中での言動のすべてにわたって「責任」「平等性」「人間愛」「個の尊重」「自由」の持つ意味が深く関わっていることである。

そこから起こるさまざまな行動、因果関係について、私なりに仮説と実験を積み重ね、これらを基にした分析の成果を述べたのが本書である。

なお、人間の心理が構成される仕組みや欲求・欲望については、私自身を分析し、追究し、それらが起こす事象を捉えて一人の人間像とし、私以外の不特定多数の人たち（国際的な社会現象も含む）との比較のうえでの内容であり、私自身をごく普通の人間であると確信したところから出発し、このような内容とテーマになった次第である。「責任」から「自由」までの五つの言語は、個々を取り巻く環境と各状況に対しての欲求として、健全なる脳細胞に宿しており、その内面は誰も覗くことはできないが、この五つの言語の中から幾つかが欠如してくると、それに反応を起こして行動となって表現されてくる。それらの現象を分析することにより、「責任」「平等性」「人間愛」「個の尊重」「自由」という言語が無形の存在として鮮明に浮かび上がってくるのだ。

この「責任」「平等性」「人間愛」「個の尊重」「自由」は、それぞれの個々人の思考や思想を深めてゆくとき、その基礎として重要な根拠を与える役目を果たしていることも鮮明になってくるのである。

序

幼児期から年を重ね、子どもは成長する。この至極当然の事実がある中において、自信の持てる教育論に巡り合うことは、私たち大人にとっても、また教育される側の子どもたちにしても、大変大事なことである。ひいてはその社会や国全体においても、その影響は大きいと考えられる。

何を根拠に教育論を組み立て、子どもを導き教えるのか。この教育内容により、事の判断やその思考面までに影響を与え、大きな意味を持つのが、子どもに対する教育の過程とその内容であろう。私は教育論の根本を求めるとき、日本という枠を外して求める必要があると考えた。地球上全体の人間とその社会の中で、普遍的に価値ある根拠でなければ、真の教育論にはならないと考えたからである。

人間は、ほかの生物より多量の脳細胞を有し、それがための種々の複雑な欲求を示し、諸々の活動をする。社会を構成する大人たちは、無意識のうちに欲望・欲求を開花させるべく努力をする。頭脳を働かせ、知恵を絞り出す。その産物が各種産業の技術や科学、文化であることは、日常の生活の中でいろいろな情報や体験を通じて確認できる。

こうした諸々の人間活動も、社会を円滑に運営してゆくために、また個と個、国と国同士が互いに信頼関係を醸成するためにも、それら個々あるいは国々は、それぞれの活動をコントロールしなければならない。そのための一つが、憲法や法律という明文化された法であり、もう一つが教育過程で育まれてくる「理性」である。確かで正しい理性の構築のための教育、ここに教育分野が持つ大きな社会的意義が存在すると考えられる。

この教育分野も、大別すると、学校教育という各教科の中での知識や生活技術の分野と、「躾」をはじめとした欲望をコントロールするための「理性」の分野とに分別できよう。その「理性」の分野における、より確かな根拠、その程度が、私たちが抱える教育問題を考えるときの土台になるのであり、その結果として、それが人間社会の運営にも影響を及ぼすのである。

理性の分野の「理」を求めるとき、想像や憶測、推測、観念など、事実の確認を経ない理論や、部分的な事実のみで全体像を固定し、判断することは避けなければならない。より網羅的な事実のみを集積していってこそ、初めてその輪郭が見えてくるのである。理性の基礎は、一に人間の欲望・欲求を知ること、二にその欲望・欲求の塊である人間が群れる社会の実態を把握すること。これらが重要であると考えられる。

人間は、生まれるときに欲望・欲求の芽を抱いて生まれてくるが、「理性」を持っては生まれてこない。理性は成長過程で付されるものであり、その理性を確立してゆくのは大人の責任の範囲である。大人たちの知性から培われた理性の確実性の有無が、その社会国家をつくり、各家庭にも波及する。こうした「理」を教育により施されるのが子どもたちであり、その責任は社会人たる大人にある。

前述した知識や生活技術の付与は学校教育の中で果たされ、日本国内の政治や産業や経済、文化にわたるすべての面で役立っている。

幼年期から現在まで、私は日本文化の中で育ってきた。日本語をはじめとして日本の歴史やそのほか、多くはまず学校教育で平均的な知識を身につける。その上に、周囲の人たちやメディアなどによる多方面からの世界中のニュースを知ることになる。そうした中、わが国の、日本人独特の思考や全体的な性質と触れ合い、その空気を吸って私たちは育ってきた。そうした過去を見つめたとき、私たちは、全体的には穏やかさを好みながら、伝統的な技術、革新的思想あるいは技術革新、精神などと、それらがもたらす経済的発展等々、誇りを持てる素晴らしい、よい文化を持っていると思う反面、何かが不足していると常々思ってきた。その要約されたものとして、人間社会を構築するための「理」に行き当たるのである。つまり、人間を正しく理解した上での、人間の欲求、希望を正しくコントロールするための「理」が軟弱なことに、である。理の基礎が曖昧なままなのである。

それはいろいろな分野でも見受けられると思うが、それは私には、潜在的に穏やかさを求める心が働いて、疑問を持つ心を抑制しているのではないかと思える。

「智に働けば角が立つ。情に棹させば流される」は、夏目漱石の小説『草枕』の冒頭に出てくる有名な言葉である。穏やかさを前提としたこの言葉は、日本人の性格を代弁しているようにも思える。それは教育界、教育論の分野でも同様に思えた。私は教育論において、それを立ち上がらせるための基礎とすべき「理」の部分を述べてみたい。

まず土台となる結論を先に述べると、それは次の五つの言語であり、順は問わないが、「責任」「平等性」「人間愛」「個の尊重」「自由」の五つである。誰もが習って知っているこの五つの言語は、人間の本質、欲望・欲求とも密接に関連し、しかも「個」や「己」を律する源として、また人間社会全体、国際社会の中においても重要な善と悪、正義等々、数多くの区別を必要とする分野において、選択と判断をより正しく、確かな理論とするための根拠となりうる意味を持っている。

私がこの結論に到達した過程を簡単に述べてみると、その発端は身近なことに疑問を抱いたところから始まった。

最近の例を見ると、大国による近隣国への力による併合、たとえば中国によるチベットなどへの属国化、併合の強制、また、ロシアによる二〇一四年三月のウクライナの一部であるクリミア半島の武力による制圧とロシア領化など、力を背景として小国を侵すことが現実としてある。これらは、国際世論の反対の中で行われており、正に自己中心の欲望を「力」で満たしているのである。国際的な倫理や理性を無にしているのである。

こうした例を見るまでもなく、人間社会の歴史やその時々におけるいろいろな考え方に対する不信感や疑問、どう考えても理に合わない言葉や社会現象等々、人間社会に起きるさまざまな出来事をより詳細に辿ってゆくと、その底辺には人間の本質が横たわっており、さらに求めてゆくと欲望・欲求を姿にしたものが言葉や行動であり、そして人間の宿命の一つとして、社会というものを否応なくつくってゆかなければ、一人ひとりが生きられないというその事実が分かる。

その反面、社会をつくっているがために起きている紛争、その宿命等々を経て、「責任」「平等性」「人間愛」「個の尊重」「自由」の五つが自然と浮き彫りになってきたのである。一個の人間の正体と、その個の集まりで常に関わり合っている人間社会、大別してこの二つを考察しての結論である。

「責任」から「自由」の五つの言語の中に、人間とその社会、国際社会のすべての行動が、小は人の悪口やら嘘などから、大は戦争という国と国とが絡み合う大がかりな行動まで、人間の起こす行動のすべてが「責任」以下五つの言語の中に包含されてしまうのである。

「責任」などの五つの言語は、決して私のこじつけではなく、これらは自然の中から噴き出した一種の象徴ともいうべき言語であり、内容を持った言葉である。その意味の持つ重さは、大きく深く人間社会に分布している。

教育の意味とその必要性は、人間が宿命的に社会を営むがゆえに、教育も社会を構築してゆく上での重要な基盤の一つなのであり、もし個々が触れ合わないで生きてゆくことができるのなら、教育はおろか、「責任」「平等性」「人間愛」「個の尊重」「自由」も不要なのであり、理論も文化も意識することもない。しかし、人間が社会を営み、より合理的な生活をしていることはまぎれもない事実であり、その社会があるがゆえに、逆に、より確かな教育理論を基とした、あらゆる面での正しい理論が望まれると考えられるのである。

「責任」「平等性」「人間愛」「個の尊重」「自由」の前提

より確かな教育論を求める過程の中で理解できたことは、私たちが受けてきた教育や日本社会から得た多くの情報や経験の中には、確かな教育論を構築するための必要な知識や論理が不足しているということである。

特に日本の場合、物質的や経済的な面での不足ではなく、「人間とその社会」に基づく網羅された事実の集積ともいうべき理論の根拠が不足していることに、常々疑問を強く感じていた。その反動として追究心が募った末の結論が、本書の内容となっている。

以下、「責任」から「自由」までを語るために、その根拠の基になる人間の性質、欲望・欲求について、私が積み重ね、追究してきたことを述べてみる。

ここに、一人の人間を素材としてみよう。これは普通の成人を対象としてみる。それは、あなたでも、私でも、よいのである。一人の人間は、いきなり成人になるわけではなく、幼児から成人へと発育成長して大人となるのである。そして、一生を終わるまで、いろいろな言葉を話し、いろいろな行動をし、人間社会の中の一部を担当する。この一生を終えるまでの間、彼を生かし、動かすための原動力は何であったろうか？　それは、男女の区別なく、人間の活動のすべての源は、各個々の身体と脳細胞から発する欲望・欲求であると言える。

欲望・欲求その源は？　そして理性

我々は、衣食住を求めるのをはじめとして、社会をつくり、さらには綺麗なものや美しいものを求めたり、反対に、汚いものや臭いものを嫌がったり、着飾ったり、蚊に喰われれば痒いと言い、手で打って殺そうとする。自分を楽にしてくれる便利なものがあれば欲しくなり、自分に負担のかかることは嫌がり遠ざけ、男女間でのそれぞれの好き嫌いや、あるいは食物の好き嫌い、他人より自分を優先させたい気持ち、また他人への妬みや嫉妬等々、あらゆる行動とその原点である思考は、すべて一〇〇パーセント自己を中心として起きる欲望・欲求を基としている。それが感性の分野であれ物理的な分野であれ、あるいは、人を愛したり、危険を冒してでも人を救おうとしたりする「人間愛」の部分の中にも、本能的かあるいは理性に基づくもののどちらであるにせよ、この欲求がそうさせるのである。それは「自分がそうしなければ」という次元の高い欲求である。

欲望・欲求、それは人間の真の姿であり、人間は動物的な性質を有しているのだから、欲望・欲求は、それ自体善くも悪くもない。しかし、社会を営み、触れ合って生きる人間にとり、本能的な自己本位の欲望・欲求を果たそうとすると、必ずといってよいほど周囲や他人に迷惑を及ぼすのである。ゆえに、悪という表現をされるのである。

では、よい欲望・欲求とは何であろうか。これが「理性」を基礎にした判断からくる欲望・欲求であり、その意味の底辺には善や正義が存在している。より確かな「理性」を分解してゆくと、これは必ず、非常に高い確率で「責任」から「自由」までの五つの言語の意味になるのである。善や正義の意味も、「責任」「平等性」「人間愛」

「個の尊重」「自由」があってこそ、成り立つ言葉なのである。五つの言語のうちどれか一つでも失われると、善や正義の意味は薄れてくるのである。

私たちは人間である以上、人間の本能、欲望・欲求からくる事実をよく理解した上で「理性」を求め、その価値を認識する必要がある。理はなくとも「自由」な判断、行動はできる。しかし、その状態は、人間以外の他の生物と同等である。否、むしろ人間は人間社会の知恵による産物を有しているだけに、他の動物よりも始末が悪い。というのも、その知恵がつくり出す産物（種々の機械、道具、武器や動力を備えた物体など）により、広範囲にわたり大きな影響力と破壊力を有した行動が可能であるからだ。

いずれにせよ、本能の部分、理性の部分とともに、人間の脳細胞の働きが形となって行動するのである。人間イコール脳細胞なのである。脳細胞の働きの成長期と活動が盛んな期間、そして減退期などには、それぞれ欲望・欲求の度合いとともに年齢による変化が生じてくる。このように自己中心に物事を考え、本能的な欲望・欲求を核に持つ脳細胞に、いかにより確かな理性を教えることができるか、理性の根拠を示すことができ得るか、それが明確でないところが一つの大きな課題であることを強く感じたのである。そして、その根拠を求めた結果として、「責任」「平等性」「人間愛」「個の尊重」「自由」が必要になってきたのである。

人間の欲望・欲求は、それぞれの場面、場面に応じて、個々人の無意識の中で自然に起こってくるがゆえに、自分自身は善か悪か、正かまたは不正なのかが判断できにくい。この点が、人間の一つの弱さである。善か悪か、正か不正かを決めてくれるのは、己よりも周囲の人たちや社会の法律であるということも数多い。

これらから生じる問題を、より未然に防ぐためには、より確かな「理」を基とした善悪の物差しを、幼児からの教育という過程の中で導き、教えることである。教えられる側は、目や耳で学び、肌で感じたそのすべてを脳で捕らえて判断し、その成長の過程で着実に健全な心理を構成し、積み重ね、技術面や知識面の量を増やしてゆくのである。これらはすべて脳細胞の仕事なのであり、まさに教育すべきその対象は、脳細胞であると断言しても言い過ぎではなかろう。

脳細胞の活動は、人体のすべての機能に対しても全面的に関わっていることはもちろん、感情、感覚、情緒など感性の部分と、心理を構成するための記憶、知識、想像力、分析、希望、経験、思惑、理解力などの幾多の分野を担っている。好奇心や嫌悪感、妬み、嫉妬なども、心理を構成する一因であろう。

私はそのほかに、「理」を求める追究心も、脳細胞の活動の一つであると思っている。これらも人間ゆえの脳細胞の働きであろう。「好奇心」とは異なる存在であるところの、人間であるからこその特徴でもある。

こうした活動する脳細胞を持った人たちが、数百万、数億の単位でそれぞれ国や社会を形成し、その中で個々が生きている。触れ合いながら生きる個と個、国と国なるがゆえに、常に周囲との関わりの中でのいろいろな出来事が個や国の心理をも刺激しあってさまざまな反応や問題が起きるのである。こうした、宿命的ともいえる触れ合いの社会の中での平穏を求めるためにも、成人して社会をつくる「責任」を持ったときに必要な理性の根拠として、「責任」から「自由」の意味を正しく理解しておくことは必要であろう。

自身が確信を持って正しいと誇れるような根拠や事実に基づいた原理を持つことは、

その人の人生に自信と安心をもたらすことにも繋がるのである。

間違った方向へ進んだときに、その修正のための指針の柱として、またこれからの進路を決めるときでも、そのための根拠として、その果たす役割は広く大きく、人間社会の運営の礎となるものである。

こうした思考面の根拠ともなる「責任」から「自由」までの五つの言語の意味は、幼児からの教育の中において「理性」を育む上での基礎であるとともに、人間の感情、感性などの面を豊かに、より素直に育てるためにも重要なものである。

人間の感情は、個々が周囲に影響されずに勝手に育つのではなく、幼児からの成長過程において、親や周囲の関わり方がどれほど「理性」に富んでいるか否かによるのである。その「理性」も、分析すれば、善悪、正と不正の区別の場合と同様、「責任」「平等性」「人間愛」「個の尊重」「自由」の五つの言語に基づくものであり、これらを幼児から大人へ向けての成長の中で教育の基本として用い、また人間同士として触れ合ってゆく中で、どれだけ実行できたかが、感性や感情面を素直に豊かに育てられるかどうかの鍵なのである。

人間の持っている感情や感性は、自然の美しさや、動物のかわいさや、感情を和らげたり、寂しくさせたり、楽しくさせたり、元気づけたりといった諸々の言葉や行動だけでは、正しい感情の発育を促すには不足の部分があり、感情を育てる核とはなり得ない。

感情、感性を育む「核」をなすのは、「責任」「平等性」「人間愛」「個の尊重」「自由」を基としたところの「理性」である。感情をより正しく育むことができるのも、感情をより事実に基づいて理解したその上に成り立つ「理性」があってこそなのである。また、より正しい感情の発育は、より正しい心理の積み重ねをしていくことでもあると考えられる。幼児からの成長期の過程で狂った心理の積み重ねをしてくると、その程度の違いはあるにしても、過去に戻ってその心理過程を一度ほぐし、きちんと正しく心理を積み重ねるということは困難であり、不可能でさえあると考えられる。ゆえに、犯罪者が過去に戻って、心の屈折までを修正することはむずかしい。新聞紙上の社会面などで犯罪者の履歴を辿ってみれば脳細胞の過去の癖を修正するむずかしさが垣間見えよう。

犯罪者でなくても、子どもの頃の印象がそのままなのは、みなさんもご存じのことと思う。得意だったもの、逆に苦手だったことの経験など、子どもの頃の情景や印象の記憶は、それはそのまま、心理の組み立てとの絡み具合が脳細胞の中に保たれていることを示すものである。

幼少からのその時々で周囲から受けた影響は、それらに対して思ったことや感じたことが、心理を構成する種々の要素により、刻々と脳裏に積み重ねられてゆくのである。しかし、それら、過去の中での得意や苦手といった象徴的な結果や印象は、個々の記憶の中においては点々と残る程度であって、それぞれの「点」の周囲には、それに繋がる背景が存在する。現在、活動している個々人においても、それらの過去が遠因として働いて今に到っていることもあるだろう。

得意だったことや苦手であった事柄など、記憶が今でもそのままなのは、過去に遡って心理の組み替えをすることが不可能であるからで、ここに幼児からの人間教育の課程の中で、正しい価値観に基づいた結論や教えが必要な理由があり、我々社会人が子どもの教育を語るとき、曖昧にしてはならない重要で基本的なことであろう。

人間の反応

別の面から人間の脳細胞の活動を捉えてみると、世界中の人々、さまざまな人たちが、周囲からの刺激や事件に対して、またいろいろな物事の存在に対して、通常の成人であれば、必ず脳細胞はさまざまな反応を起こしているのである。

これらの反応を総括すると、人間が嫌悪感を抱くものと、反対に、好感や感心、感激、感謝、尊敬などの安心感を育む善良なものとに分類できよう。このうち、前者の嫌悪感を促す分野は、身近なところでは空き缶やゴミなどの道路や公園、山や河川などへの投げ捨ての光景があり、かっぱらいや万引、スリ等々の小事件から、大は国と国とが総力を挙げる戦争に至るまで、その種類と内容はさまざまであるが、こうしたことは決して誰もがよくは思わず、感じず、それらの具体的な情景は悪感情と虚しさを募らせるものである。

こうした悪を意味する分野とは反対に、綺麗な景観を保ち、人々に感動を与える行動や言葉など、好感を与える人間の善良な分野がある。ともに、その原因となる根拠は同一なのである。「嫌悪感」と「好感」を両極とした一本の棒にたとえると、両極は必ず一続きに繋がっていて最終的には五つの言語に辿り着き、そこには「責任」「平等性」（公平性）、「人間愛」「個の尊重」「自由」のそれぞれの意味が横たわっている。

全人類と言っても過言ではないほど、ほとんどの人々は嫌悪感と好感、尊敬、感心、感謝等々の喜びや安心、信頼感を日常の中で感じながら生活している。これらが世界共通の現象であることは理解できよう。

地球上で人類の抱える紛争は、国内、国外を問わず、それらが人間の脳細胞内の反応から発生する問題である以上、これらのすべてに「責任」「平等性」「人間愛」「個の尊重」「自由」のいずれかが、必ずそれら諸問題の根底に存在しているのであり、「責任」から「自由」までの中のいくつかが関与するか、あるいはその全部が関わっているのである。

人間と、「責任」「平等性」「人間愛」「個の尊重」「自由」との関係

人間は無意識のうちに、欲望・欲求として「責任」から「自由」の五つの分野を自身が接しているその周囲の人々に求める。本能的にそこに反応の基礎を置き、欲望・欲求が起きる。自己中心、自己本位の原点でもあり、それが自然な人間像と言えよう。反面、人間は、自身の周囲に対しては、「責任」から「自由」の五つの分野に対し利己的な解釈をし、これを果たしたがらず、それらから逃避したがる本質を潜在的に持っているのである。これも人間の本能であり、あえて言えば、この逃避や隠したがる性質も、欲望の一つと言える。なぜなら、そのように欲求を起こす脳細胞の働きが存在するからであり、こうした現象も人間の自然な在り方と言える。

外に対しては欲しながら、自身は周囲に対してそれらを実践したがらない。「ここに人間のすべての事件、紛争の種がある」と言ってよい。

これら自己本位の欲求は、人間同士の個々の例を挙げるよりも、各国々としての行

いを世界全体で観察すると、より理解しやすいだろう。膨大な人口と武力を背景に、周囲の弱い国や小さな国に対し、自国の欲望を自己中心の理論と力で果たし、また、権利を強引に主張する。そこでは、自国の言動が「平等性」や「公平性」を持っているか、また他国の存在を尊重（個の尊重）しているか否かを省みられることはない。紛争に発展すると、悪いのは相手方であり、自国の正しい権利であると主張して憚らない。こうした紛争などの発端の元も、周辺国には自己本意のわがままな欲求を押しつけ、「自由」や、自国の尊重を求めながら、自己（自国）は、周辺国の尊重を怠り、無視し、かつ「平等性」を欠いた正当性を前面に押し出し、我を通そうとする。二〇一四年三月、ロシアによるウクライナのクリミア半島のロシア領土化。ウクライナは何もできず。他方、中国は、フィリピンとベトナムにも権利が存在する南沙諸島に、両国の反発を無視して、天然資源開発の施設を建設中である。フィリピンもベトナムも、中国よりも小さな国力である。それを見透かしての「暴力」と言えなくもない。二〇一四年五月現在、工事進行中である。そして、外国から非難されると、「他国は干渉するな」と嫌悪感を露にするのである。

こうして自己（自国）は周辺国に対しては「自由な行動と個の尊重」を求めながら、自己は周辺国（特に弱小国）に対して、「その国の自由な言動やその国の尊重」を欠くのである。そこでは人間の本質が優先し、理性を尊重する姿勢は邪魔なのである。こうした横暴な行いをする側とされる側、こうした両面の接点として、「責任」「平等性」「人間愛」「個の尊重」「自由」の五つが存在する。この五つの言語を基として裁かなければならない。

このように、人間の（国を含む）あらゆる行動を分類すると、その根底に「責任」をはじめとする五つの言語の内容が横たわっているのであり、五つの言語とその持っている意味にほとんど集約できるのである。

以上、教育論の前提としての人間社会と個々の人間像を描いてきたが、このような現実があるがゆえに、人間は理性を求められるのであり、その理性のみが人間社会、それは一つの家庭内から町内や地域社会、そして国、地球上の国際社会に到るまでを含むが、より平和な、穏やかな社会にするための基礎になり得るのである。

真の平和や友好関係は、まず信頼や安心感を築くものでなければならない。その源となるのが、「責任」から「自由」を基とした理性である。人間の持つ本能的な欲望・欲求に対抗すべきは理性であり、正しい理性なくしては平和はあり得ない。

人間が持って生まれてくるのは本能や本質だけであり、理性は伴ってこない。理性とは、人間の成長過程の中で培われるのである。人間が宿命として社会を営むのであるならば、正しい理性を育て教えなければ他の動物と一緒であろう。いや、むしろ、野生動物は自身と家族が自然の中で生きのびるためのいくつかの原理原則を厳しく守っているのである。人間が理性を欠けば、そこには人間としての尊厳もなければ偉大さもなく、正しい社会は築かれない。したがって平和は築かれず、その場合、弱肉強食の世界になり、人間は知恵と文明の利器を手にしている分、始末が悪いのである。

理性は、幼児から大人へ向けての成長の中で教え育てるものであり、それにより人間の本能的な欲望・欲求をコントロールでき、大多数の人間が理性を持つことにより、よりよい社会運営に繋がるのである。その柱として、「責任」「平等性」「人間愛」「個の尊重」「自由」を置き、その根拠としての意味を事実に基づき認識することはもっとも重要なことである。

常に事実を基とし、人間そのものを正しく理解し（つまり脳細胞の働きをより全体的に捉え）、人間の社会とその宿命を理解しなければ、より確かな教育理論は確立し得ず、確かな教育理論なくしては、幼児からの教育を導いてやることもできなければ、私たちがその手本を示すこともでき得ない。その手本は、政治、経済、教育や文化面などで、社会を構成する大人たちの判断、言動のすべての中に潜在的に含まれている。

子どもたちから見られている我々大人たちは、彼らにどれほど信頼感を与えているだろうか。子どもたちは、断片的にしか語ってはくれない。ゆえに私たちは、もっともっと自身を洞察し、人間とその社会を全体的に突き詰めて考える必要があるのではなかろうか。

以下、人間社会のあらゆる思考、判断、行動の基礎として、また求められる教育理論の土台としての「責任」「平等性」「人間愛」「個の尊重」「自由」の五つの言語について、各項目ごとに述べてみよう。

Ⅰ　「責任」について

私たちは、日常生活やその属する社会の中で、「責任を取れ」とか「責任感から」といった表現をよく聞く。しかし、こうした言葉の使われる状況を洞察してみると、これらの言葉が出現する場面は、物事の後半や結末を迎えた中で使用されることが多い。事件や事故といった社会現象のその中に被害者がいて、加害者がいるというような明確な図式があるときのみによく使われている状態が、国際的に見た場合にも多い。

被害者が個人であれば、相手がグループであれ、社会全体であれ、損害を被ったときには誰もが「その責任はどのように取るのか、また始末をつけるのか？」というように加害者に求める。これらは、人間が社会を営み、人と人が触れ合っている以上、当然発生する事態である。

他人や地域社会や国へ与えた迷惑や損害に対しては、これを償う。謝罪ですむのか、修復か金銭か、あるいは刑罰などによるのか、償う方法は種々あろうが、いずれにせよ、それにより事態はとりあえず治まり、発生した事件や事故は一応終結に向かう。しかし、そういった「責任を取る」「責任を感じる」あるいは「責任を果たす」といった意味が、果たして「責任」のすべての内容を表しているだろうか。

人間社会のあらゆる分野において、より正しい理論を構築しようとしたとき、前述した程度の「責任」の意味では、とても納得のゆく根拠を有した理論とはなり得ないことに気づく。

教育論に的を絞ったときにも、前項で述べた人間の本質と、我々が宿命的に営むこの社会を前提にした上で「責任」の根拠を求めないと、正しい教育論は成り立たず、欠陥の多い理論や部分的な理論となろう。

被害者と加害者というような明確な図式の中でのみ問われる「責任」の意味だけでは、「責任」の持つ内容の一部を知ることでしかない。ゆえに、日本人の中では、人間社会の中における多様な場面で、多様な思考が行き交う中での根拠としては捉えることができなかったのであろう。

「責任」の根拠をどこに求めるか

「責任」の源は、当然ではあるが、まず、人間には人間社会の中に生まれるという宿命がある。そして、人間個々は、生きるために活動し、個が生きるために社会をつくる。その社会があるがために、そこに「責任」が発生する源がある。ここでは人間とその社会については前述したので省くが、個の一生がどのような経過を辿り、その過程の中においてどのような欲望と欲求を示し、その個が一生の間に触れ合い、あるいは認識するものにどのような反応を示しながら一生を終えるのかをより具体的に調べてみると、一人の個は通常の状態で育ち、普通の生活を営み、そして自然のうちに一生をまっとうするためには、大勢の不特定多数の人たちの影響を受けながら人生を送っていくということに気づく。

たとえば、一軒の家をつぶさに調べ、洞察し、考えてみれば分かる。金持ちか否かの区別は必要ではない。あらゆる電気製品、車や生活用品など、衣食住に関するすべての物質や、過去の人類の残してくれた貴重な知恵や発見の産物等々、どれを取っても、無数の過去や現在の人たちの労力の賜の恩恵を受け、暮らしているのである。そして個々人もまた、他の見知らぬ不特定多数の人たちになんらかの恩恵を与えながら、暮らしているのである。職業に就かず、生産活動やサービス業や種々の「仕事」で収入を得ていない人であっても、消費者としての立場から立派に社会に貢献しているのである。「自由」貿易の進む現在では、それは国際的な規模になる。

これらが明らかな事実であることを、漠然とではなく、それを百よりも二百、千よりも二千というように、数多くの事実を確認しながら人間の一生を見つめ、考える必要がある。当然のように、その一生の中では、苦痛や緊張を伴う紛争や事件が起きるたびに、穏やかで平和な環境を自分の周囲に求めるのである。

地球上に七十億人が存在するなら、そのすべての人たちは、その場所その場所において穏やかな社会や平和を本能的に求め、望むのである。この穏やかな平和を希求するところに、実は「責任」を必要とされる要因があり、ゆえに、個々が活動する宿命と、社会をつくる宿命の中で人間社会を構成している個々に「責任」が存在するのである。その対象は、人間の言動すべてにわたる。

地球上の七十億人の民の誰しもが穏やかな社会や平和を希求するのでなければ、「責任」を求める必然性も必要も無になるのである。

「責任」の内容を支える三つの「責任」

「責任」の基本

我々は「自由」な思想や行動を保証されているが、その中で一番の「責任」の基として、自身の身の回りのことから始めねばなるまい。健常人であれば、その年齢に応じた自分の正しい行動を取るところから、その「責任」が始まるのである。それは「善」か「悪」かと肩肘を張るような次元ではなく、常にその言動につきまとっているが、それぞれが接触する周囲に普通に溶け込んでいるということは、つまりは、そのまま、各自が果たすべき「責任」を普通に果たしていることにもなるのである。

それらを含め、その内容は分類すると大きく三つに分けられよう。一つは、個々の直接行動から生まれる言葉や行いに対しての「直接的責任」であり、一つは個々の住む社会、国や国際社会に対してのものであり、「間接的責任」である。つまり、直接と間接の二分野と言える。これらは表面的な「責任」として理解しやすいと思うが、さらに、もう一つの「責任」として「宿命的責任」がある。これは直接的と間接的の両「責任」に対して、裏的な側面を持つものと言えよう。以後、三つの「責任」について述べてみる。

直接的責任

直接行動に対する「責任」とは、文字どおり、人間個々が触れ合うさまざまな人々の動きに際して、もし相手に迷惑やら被害を及ぼした場合についての「責任」である。それが偶然であれ、故意であれ、その結果に対しては自身が関与している以上、それらを償わねばならない。謝罪の言葉ですむのか、修復ですむのか、あるいは金銭か、または刑罰か。その方法は、事件、事故の種類によるが、いずれにせよその償いを求められ、果たさなければならない。その結果として、個人や社会は通常の、元の平穏な心理状態に戻るのである。

しかしその逆に、人間個々が償いを果たし合わない行動を取り合ったらどうなるか。それは不安、不信感を拡大増幅するのみであり、緊張感を高め、それが相互不信、不安定の基となる。しかしながら、「責任」の意味をそれなりに理解して事に対処してゆくのであれば、事は大きくなるまいし、「無責任の平等」はあり得まい。

直接行動に関する「責任」は、誰でもが気づきやすい人々の言葉や行動が出発点となっているが、人間の一生の中で他人に直接迷惑をかけることはそう多くはないはずである。これらも、社会からの教えや教育の成果の一つである。ゆえに、教育の中でいかに「責任」の正しい内容を学ばせることができるかが、現在の教育の課題の一つであろう。

人それぞれが「責任」の意味の理解度を深くすることにより、個人個人のその一生の営みの中において直接他人に迷惑を及ぼす度合いは少なくなろう。そのためにも、一人ひとりの人間が、その誕生から終わりまでの行動の全体にわたり、「責任」が存在していることを出発点とし、「責任」の意味を導き教えることが必要である。責任の欠如は不安や不信感を生み出し、ひいては社会全体の不安定にもつながってくる。その原因の一つは、「責任」の意味や認識の程度、具合によるものであり、人間社会の平穏を希求するならば、次に述べる「人間社会全体に対しての責任」すなわち「間接的責任」と合わせて「責任」の意味を悟らねばならないと考える。「平等性」「人間愛」「個の尊重」「自由」とともに、平和を求めるための重要な柱としての「責任」の価値が存在するのである。

間接的「責任」

社会、国、国際社会に対しての「責任」その一

人々が持つ「責任」の中に、直接行動に関する「責任」とは別に、その対象を異にした分野がある。それは、人々が属する地域社会や国、国際社会を対象にしたものである。その最大限及ぶところの人々の「責任」は、私たちの居住する地域全体も対象となる。我々や各種の生命体が生存するために必要な大地、そして海、あるいは空気、

それらすべてにわたって我々人類は「責任」の対象と意識すべきであろう。

　私たちが人間社会を営み、より合理的な生活をしていられるのも、その社会の仕組みと不特定多数の人々の恩恵によるものであることは前述した。その自身が住む社会をより整った構造とより円滑な営みを可能にするために、重要な根拠の一つとして、社会全般に対する「責任」の意義がある。

　これらの「責任」の意味を、社会全般を運営する側の人たち、政治家だけでなく社会人などの一般国民も、より正しく、深く理解しないことには、よりよい社会運営とはならない。なぜなら、日本は民主主義を基盤としているのであり、国民の意思の反映としてわが国の政治経済や文化はあるからだ。それらは社会全般にわたり具体的な思考の現れとして具象化され、いろいろな通信媒体により日常的に目や耳で確かめることができる。

　国民が何を求め、そのために何を基準とし判断をするか。これらはすべて、国民一人ひとりの脳細胞の働きが決定するのである。政治家も、企業経営者も、公務員も、一般サラリーマンも、種々の個人事業経営者も、男も女も、すべての人の頭脳の中に、より正しい価値観がどれだけ収まっているかにより、決定されるのである。

社会をつくり営む個々の持っている力は大きい。物を買う消費の立場に立ってみると、消費者が何を基準に物を選択するかにより、物品を生産製造する側は自ずからその動向に応じなければ成り立ってはいかなくなる。地味な見栄えだが堅実な物か、安いが質の落ちる物か、多少高くても良質の物か等々、その判断の基準は種々あろう。だが、消費者が感覚で選ぶか、質の吟味で選ぶかにより、企業の対応は違ってくる。また、文化面においても、社会人が何を基準に選択するかにより異なってくるが、その対象は無数に存在しよう。ＴＶ、ラジオ、新聞、雑誌、思想や理論、映画演劇、音楽、美術等々から政治や教育に関する選択等々、人間の頭脳が創出する分野はさまざまではあるが、それらを方向づける力は、国民一人ひとりの選択、その内容によるのである。

何を消費し、何を選択するかは「自由」ではあるが、よりよい社会を求めるなら、個々のよりよい選択が必要である。その選択に大きな影響力を持つのが新聞、ＴＶや各種広告。今ではインターネットの普及により、広範囲の情報を得ることが可能であ

郵 便 は が き

料金受取人払郵便

新宿局承認

2080

差出有効期間
平成28年 7 月
31日まで
(切手不要)

1 6 0 - 8 7 9 1

8 4 3

東京都新宿区新宿1－10－1

(株)文芸社

愛読者カード係 行

ふりがな お名前			明治 大正 昭和 平成　　年生　歳
ふりがな ご住所	□□□-□□□□		性別 男・女
お電話 番 号	(書籍ご注文の際に必要です)	ご職業	
E-mail			
ご購読雑誌(複数可)		ご購読新聞	新聞

最近読んでおもしろかった本や今後、とりあげてほしいテーマをお教えください。

ご自分の研究成果や経験、お考え等を出版してみたいというお気持ちはありますか。

ある　　ない　　内容・テーマ(　　　　　　　　)

現在完成した作品をお持ちですか。

ある　　ない　　ジャンル・原稿量(　　　　　　　　)

書　名					
お買上 書　店	都道 府県	市区 郡	書店名		書店
			ご購入日	年　月　日	

本書をどこでお知りになりましたか?

1.書店店頭　2.知人にすすめられて　3.インターネット(サイト名　　　　)

4.DMハガキ　5.広告、記事を見て(新聞、雑誌名　　　　)

上の質問に関連して、ご購入の決め手となったのは?

1.タイトル　2.著者　3.内容　4.カバーデザイン　5.帯

その他ご自由にお書きください。

(　　　　)

本書についてのご意見、ご感想をお聞かせください。

①内容について

②カバー、タイトル、帯について

弊社Webサイトからもご意見、ご感想をお寄せいただけます。

ご協力ありがとうございました。

※お寄せいただいたご意見、ご感想は新聞広告等で匿名にて使わせていただくことがあります。

※お客様の個人情報は、小社からの連絡のみに使用します。社外に提供することは一切ありません。

り、我々の選択の手助けをする。

こうした「選択」の分野があると同時に、諸々の置かれた立場の中に、「責任」の分野がそれぞれ存在する。政治家はもとより経済、教育界に関連する人々から生産活動に従事する人々や、家庭を守る人々まで、すべての社会人にはその持ち場に「責任」が存在する、それらの「責任」が寄り集まって、社会国家が成り立っている。その中で意識しなければならないことは、己の責任分野と限界はどこまでか、その範囲を正しく知り、対処することであろう。

社会をつくる「責任」が存在する以上、その対象となる範囲をより明確にすることが必要である。個の「責任」以外は、すべてにわたって社会的「責任」が存在すると考えることは、己の「責任」を考えるときの基礎である。その上で「責任」を果たすための「自由」な思考を求めるべきである。これは後に述べる「個の尊重」とも重なり合っている。

私たちは「自由」な思考と意思を尊重されている以上、「自由」な思考と判断によりその意思を示すことができる。しかしその根底には、人間が人間として果たさなければならない分野がある。その一つが「責任」なのである。

責任感について

「責任」の存在に対しては、私たちは「自由」に感じたままの責任感という感性の中での位置づけで捉えているようだが、それではよりよい「責任」の意味とはならない。「責任」は、感覚の分野で捉えてはならない。あくまで理によるべきである。「責任」とは、人間の無意識の欲望・欲求に対決でき得る根拠の一つであり、幹をなすものであり、「自由」な思考と判断の根底に「責任」を置いて考えていくことが大事なのである。

どの考え方を選ぶか、どんな理論を選ぶか、どのような人を選ぶか等々、社会の構成に影響を及ぼす選択の分野や、もっと身近な、今手に持っている空の缶をどこへ捨てるか、廃棄物やゴミをどうするかなど、どこの場所にいようとも、その行動の結果は、社会をつくるための「責任」の意味がいかに私たちに癖づけられているかにより、その招く結果は異なってくるのである。

私たち一人ひとりが「見る」「聞く」「読む」「話す」「動く」のどの分野でも、判断したり、選択したりするとき、「責任」の意味を濃い密度で知るか知らないかは、社会全体の運営や方向づけまでに関わってくるのである。それは「社会をつくる責任」を明確に認知することが、必要不可欠であることの大きな背景なのである。

私たちは、結果的に「責任」を問われるのを待つのではなく、あらゆる「自由」な思考を開拓し、それにより私たちが社会に対して持っている「責任」を自分から果たすべきなのである。私は「責任感」という、感覚の分野の入り込む余地は本来はありえないと考えている。

社会、国、国際社会に対しての「責任」その二
「宿命的責任」について

間接的「責任」の意味をなす根拠の二つ目として、私たちが生存している社会の中に「宿命的な責任」の分野があると考えられる。

私たち日本人は、誰しも日本人になることを希望して日本に生まれたのではない。

それと同様に、ほかの国々や民族の人たちも、己の意思とは無関係に、宿命としてそこに生を受けたのである。

私たちが親の元に成長し、家族や家庭を支えるために、国や地域、民族の影響を無意識のうちにせよ受けた以上、その国を含めた地域に対する「責任」が宿命的に存在することになる。例として、仮に我々の親がいかに面倒見の悪い、よからぬ親であったとしても、その親を無縁の存在としたり、親を取り替えることができないという宿命を背負っているのと同様に、自分の属する国の持っている宿命を背負う「責任」があるのだ。

国にはそれぞれの歴史があり、その歴史には周囲の国々とのいろいろな関係が刻まれ、その中での「責任」もお互いに存在してくる。しかし、その前提として、網羅的な正しい事実の認定は不可欠となる。それ以外は作り話となる。

この「宿命的な責任」は、地球上の人々すべてに自然に宿される運命とも言えよう。しかし国際的な場面においては、「責任」の意味が、国々により、また立場の違いから一致しないこともあり得る。ここで大事なことは、一つの問題事でも、より網羅的な事実と根拠を前提にした上でなければ正しいとは言えないし、曖昧な根拠とそれらを源とした想像的な思考は避けなければならないということである。それは紛争の源になるので、常に事実を求めなければならない。

現世代に生きる人々には、前世代の人々の残した歴史を受け継ぎ、真実に基づき過ちがあれば修正し、よい方向へ正してゆく「宿命的責任」が潜在的に存在しているのである。それらは、どの国や民族においても同様である。

一つの家庭が継続していく以上、社会や国家も継続していくだろう。その社会をよりよく営むためにも、個の「直接責任」と、個の属する社会や国、国際社会や地域そのものに対する広範囲な意味での「人間社会をつくる責任」とともに、「宿命からくる国に対する責任」も、根拠を異にする「責任」の一つとして重要であると考えられる。

この潜在的とも思える「宿命的責任」も、「責任」の意味を考えるとき、きちんと認識しておくことが「責任」の中の曖昧な部分を埋めるためには重要であり、「宿命的な責任」の分野を欠くことは「責任」の意味を正しく語ることにはならないだろう。

こうした「責任」の底辺からの意味を根づかせることができるのが、子どもから成人への成長過程であり、それがための教育とも言えよう。これは後に述べる「平等性」「人間愛」「自由」「個の尊重」とともにあるべきである。

教育における「責任」

人の知的発達は、周囲の模倣から始まると言ってよい。言葉を始め、その仕草も、幼児の時から眼、耳、肌で捉えたことは自然に脳細胞に蓄えられ、記憶される。それらを基に、自然にしゃべったり、行動したりするのである。自分自身の知恵からくる発想というものがまだ乏しい年齢では、人の仕草をまねしながら育っていくのである。その象徴的なものが「言葉」であろう。周囲が日本語なら日本語が身につくし、英語圏の幼児は英語を、というふうに、各国々地域でそれぞれの環境の中で言葉を身につけていく。こうして幼児の知的文化は模倣から出発していき、種々の生活習慣も、それぞれが与えられた環境の中で習得し、成長していく。この習得すべきことの中に、学校教育をはじめとしてさまざまな形での社会からの教えがある。

こうした幼児期から成人へ向けての各種の教育の過程の中でも、「責任」の分野を明確に意識した内容をもって子どもに対処していくことが必要だと考えられる。

前述した「直接責任」に関する分野と、「個人が属する社会、国家に対する責任」とでは、「責任」を必要とする意味が異なることは前述したとおりである。

前述の二つの「責任」は、双方ともに人間社会の中で大人が背負っている「社会をつくるための分野」で問われるものであり、人間が幼児から成長してゆく教育の過程の中で必要とされる大人の「責任」とは、その目的が違うのである。

前述した「責任」は社会をよりよくするためのものであり、子どもの教育過程における「責任」は、大人社会に仲間入りしたとき必要な理性の一つとしての根拠であることを指導、教育すべきである。

幼児期からの成長の過程には、その成長の具合によるそれぞれの段階があるが、この成長期の中では、子どもに「責任」を求めるのではなく、その子どもの「責任」の分野をよく知り、その子どもが果たし得る「責任」の分野を、それぞれの成長に合わせて拡大させてゆく。その「責任」の分野には、大人は手出しをしないで見守ってやる。その手助けとしては、その行動の目的が成功しやすいような状況づくり程度が大人の役目であろう。放任ではないが、距離を置き、見守るということであろう。

やがて幼児から幼年、少年少女、青年と成長する中で、言葉を理解し、「自由」な行動の範囲も広がってゆく。それは「責任」の範囲の拡大でもある。幼児期には、自身の身辺のことを果たすのに精一杯だったのに、つまり、自身に対する「責任」を己で果たすことも満足にできなかったものが、心身の発達とともに「自由」な行動の範囲も広がり、周囲の親の言動にも注意を向け始める。周囲に向かっての洞察が始まるのである。

この頃からが、「責任」の意味を言葉で教え始めるよい時期と考えられる。成人に向かっての理性の出発点でもあり、ゆえに、子どもを教育する側の質が問われ始めることにもなる。

子ども側から見ると、子どもの「自由」な思考の成長度により、その好奇心の対象は大きな広がりを見せるが、その最大公約数ともいえる心の原理は、「責任」「平等性」「人間愛」「個の尊重」「自由」の五つなのである。

多感でしかも敏感な年代である成長期は、責任から自由に関しても、自ずから周囲に対して無意識の中で自然に目覚めるのであり、自身に対し周囲から与えられているときには心の波風は立たないが、「責任」から「自由」までのどの一つが不足しても敏感に反応し、心に違和感が生じるのである。しかし、この違和感はすぐ表面化するものでなく、長い年月の末に行動となって出現しよう。

子どもの成長期における「責任」から「自由」までの五つの意味の欠乏の被害は、大人社会における各々の欠乏よりも深刻なのである。近年、周囲からの「いじめ」を原因とする児童の自殺が、新聞をはじめ各ニュースでたびたび報じられている。これらは重要な例である。

被害者も加害者も、「責任」「平等性」「人間愛」「個の尊重」「自由」の五つの言語とは根本的な部分で一致している。これらは子どもの感情を素直に育成するためにも重要であり、また心理の積み重ねを盛んに続けるこの時期において、「責任」から「自由」までの無知と欠如は、子どもの健全な精神と健全な思考を妨げるからである。

たとえば、児童期から始まる各々の学業において優秀な人々であっても、その成育の過程の中で、長きにわたり、周囲の影響で「責任」「平等性」「人間愛」「個の尊重」「自由」の五項目のうち、「平等性」「人間愛」「個の尊重」の三項目を欠いて育つと、成長期の子どもの心は疑問や苦痛、悩みを生じる源となり、それらを強く受け続けることにより心の発達に歪みを生じる方向性を生み出し、自然のうちに、本人の自覚がないままに周囲に対する不信感を心のうちに醸成してしまう。こうした過程は、不幸なことに、確かな思考を育成していく上では大きな妨げの基になってくる。しかも、子どもの成長期における心理の積み重ねにより年々その上に万年雪のごとく積もり積もって厚みを増してゆくのである。

健全な情感が育つか、歪んだ情感を育成するかは、大人やその社会がいかに「責任」「平等性」「人間愛」「自由」「個の尊重」を重んじ、それが教育の中で生かされているかによる。積み重ねられた過去の心理は、解きほぐし、組み直すことはできない。ゆえに、「責任」の意味を教育過程の分野でも我々大人は求められ、また、その目的は人間社会を営むのに適した人間像であり、「責任」の意味の中でも大人社会で必要な「責任」とは別の重要さがある。この教育の分野の中で育む「責任」の教え、これも大人の「責任」の中で重要な分野であろう。

以上、「責任」についての説明は終わるが、自由な活動を欲する人間、自己本位な欲望・欲求を抱える人間達は、それらの欲望・欲求が互いに触れ合う人間社会においては、個々は己が生きるために判断をし行動を起こす。それを原点として「責任」が存在するのであり、「責任」の枠を最大限に広げれば、人間社会をよりよくするためには、後で述べる「平等性」「人間愛」「自由」「個の尊重」も、その範疇に入ることになる。これらが欠けるがゆえに、世界中のどこかで常に紛争や事件が絶えることはないのである。

人間社会は、人間の持って生まれた本能に基づく欲望・欲求と、人間の頭脳を介して成長過程で習得する「理性」との綱引きの社会でもあるのだ。ゆえに、より正しく堅固な「理性」を築く必要がある。イスラエルを中心とした中近東問題、また北アイルランド問題など、過去の長い歴史に起因する諸問題も、その解決の方法は、理性を中心としたもの、つまり「責任」「平等性」「人間愛」「個の尊重」「自由」によってのみ、その道は開かれてくる。その理性の前に、今まで築いてきた不信感や憎悪の感情をいかに収められるかが、世界中の大人たちに課せられた宿命的な「責任」なのであり、一方で、世界中の国や地域の中に存在するそれらの「理性」をいかに守るかというその姿勢を精神とすることが重要であり、「責任」の分野でもあるのだ。

このように、「責任」の意味を知ることは、社会平和を築くための重要で不可欠な部分であり、柱の一つなのであるのだ。

Ⅱ　「平等性」について

「平等性」も、人間が潜在的に欲求する対象の一つである。あらゆる人間社会の中で起きる紛争や事件にも、その要因の一つとして不平等がある。

社会全体、国全体に不平等が蔓延すると、必ず不安定な社会になり、不信感や不安感を呼び起こす源となる。人間の心に、不信、不安、怒り、疑問を創出したければ、「責任」「人間愛」を欠き、「自由」を束縛し、「個の尊重」を怠り、「平等性」を欠く判断と行動を奨励すればいい。その社会はたちまち混乱に陥り、怒りが渦巻くであろう。それが人間の社会であるならば、それは必然的に行動となって表面化するのである。

人間は、それぞれの場において周囲の人たちと共通点を多く持てば持つほど、その一部において不平等に扱われると「なぜ？」という疑問を持つようになり、その原因を考える。それが合理性のない理由、つまり理に基づかない人間の本能の部分による原因のとき、その不満はいっそう募る。特に、周囲からその価値を低く判断されたときに不満は起きやすい。人間は、自分の能力を周囲から常に認められることにより満足し、心の平穏を得るが、低く評価されることは、それが理に基づく理由であっても、本能的な生の部分は波風を立てるのである。しかし、根底に確かな理があれば、自分で自分を納得させる道が開かれてくる。

逆に、自分が周囲より高く評価されたとき、人間の本能は満足し、周囲に対する不満や疑問を起こしにくい。人間とは気ままなもので、自身やその属する社会が他人や他の国々より優位にある場合、その立場に置かれた個人や国は、そこに「平等性」の大切さを考え、「平等性」を守るという義務を怠る心因を生み出す。人間の本能が満たされたがゆえの落とし穴でもあり、理性の価値を見失う落とし穴でもある。

こうして、「平等性」一つに対する心の動きを見ても、社会の中で、国の内外を問わず、人間の心の根底には認識されたいという欲求の対象としての「平等」が存在し、不平等が起きると、低い評価の側はそれらを回復するための行動を起こす。最終的には、不平等は差別へと進み、怒りの対象にもなり得る。これらは、人と人、グループとグループ、社会と社会、国と国の間でもまったく同様の原理で進行し、やがて相互の不信感を増大させる道を辿り、自己本位の考え方へと発展してゆく。不平等が与える人間社会への影響は、「責任」「人間愛」「個の尊重」「自由」を欠くことから起こる不信感や不安感とはまた異なる要素である。

時代は遡るが、たとえば一九九二年（平成四年）一月七日から十日まで、米国から、ブッシュ大統領率いる米国自動車会社の首脳たちが来日し、米国の赤字問題をテーマとして日本の時の首相をはじめとする首脳陣との会談を行った。米国の貿易赤字額の三分の一が日本に対するものであり、それらの改善を求めるとともに、「自由」貿易問題との絡みの中で、米国は日本にいろいろな注文をつけ、強く主張してきた。

この問題の具体的内容はさておいても、そうした米国側の行動の根底にあるのは、正に人間としての本質で、前述した内容と同一のところからのものであると言える。超大国と言われ、経済力、科学力、工業力、軍事力を世界に誇る米国でさえ、経済面での不平等、不公平さには我慢できないのである。ブッシュ大統領は、米国内に起きていた経済的なさまざまな不安の増大を見て、それらを改善しようと来日し、目的の一つとして貿易の不均衡を正そうとしたのである。

つまり、米国が生きてゆく過程では、貿易赤字は国民の不安を募らせ、それが政治への不信を招こうとしていたからである。しかも、この貿易赤字問題は慢性化しており、「自由」貿易問題は十年以上も前から日米間の争点でもあった。それらを改善することが、米国がよりよく生きるための要件の一つでもあり、そのために行動を起こしているわけである。

しかし、その根底には「責任」から「自由」までの五つのうちの「責任」と「平等性」があり、それらに対しての行動であることが浮かび上がってくる（政治家としての責任と貿易不均衡）。

「日本は、経済分野で先進国の仲間入りをしたのだから、つまり大人になったのだから、国際的な立場においても、諸々の日米間の問題においても、『平等性』と『責任』の分野の義務を果たしてほしい」

と求めてきたのである。これは「責任」と「平等性」にまつわる義務を日本にもっと果たしてほしいとの米国の欲求であり、不満の現れである。劣っていると自覚している側からの、優者への自然の願望なのである。これは国といえども、人間が営んでいることであるということの証であるし、この一例は、人間の本質は世界中の人々にもみな共通していることを証明している。

こうした国家間の例としても、また個々の人間間においても、不平等に対して行動を起こせる人たちは周囲に訴えることもできるが、他方では、行動に訴えられず自身の心の中に不満を抑えこみ、忍耐で持ちこたえる人も多かろう。弱い立場の人たちの中には叫ぶこともせず、その不満に慣れることにより苦痛を取り除こうとする人もいるだろう。しかし、どの過程を経ても、不平等に扱われたり、それにより虐げられた人々は、いずれ周囲や社会に不安を招くような判断をするようになろう。

これも、人間の性質の必然的成り行きである。人間が生きることを捨てない以上、自身の欲する平等を求め合い、そして自身の保身を図るのである。人間社会の中には、こうした平等性を必要とするさまざまな「場」が無数に存在し、それぞれの「立場」

においての小さな社会の中での「平等性」を求め、果たされることが、さまざまな立場での安心感をつくる要件の一つとなる。一つの国の内側を見たとき、そうしたたくさんの「場」の集まりが地域社会であり、その集大成として国が成り立っているのである。

平等、公平性の場について、個々が属する直接的な範囲

私は、二人以上がそれぞれ関係し合う場所やグループや集団を「場」と呼ぶことにした。人間社会における最小の「場」は家庭である。家庭は、社会や国をなす最小の核でもある。そうした家庭は、子どもの成長する大変重要な場でもある。そして、それぞれの家庭が成り立つために、大きな社会や国があり、その中には各職場をはじめとする無数の「場」がある。もちろん、一家庭は基礎的な場。目的を立て、そのために集う人たちには、すべて場が存在する。グループの大小を問わず、地域社会の中の経済集団であれ、国政を動かす政治集団であれ、宗教や思想のための集団であれ、そ

こには人間の場が存在する。そのどの場においても、基本的な「平等性」をはじめ、「責任」「平等性」「人間愛」「個の尊重」「自由」が無意識のうちに求められている。

家庭の中においては、親が子どもたちに対する上での「平等性」、あるいは家庭内における言葉の持つ意味の「平等性」等々、その対象も種々雑多にある。

一方、経済活動をする一会社を見ても、同一職場の同質の仕事における給料の均一性等々、その場における「平等性」の対象は種々あろう。そうした各々の場における不平等は、やはり不平不満や疑問の種となり、芽を出してくる。職場におけるさまざまな男女格差に対する女性側からの不満も、平等に扱われたいという、弱者と見られている側からの欲求である。こうした「平等性」に対する感覚は、人間が生きている以上誰しも本質として持っている。特に、幼児からの児童の教育における柱としての重要性とその価値は、後に述べる「人間愛」「個の尊重」とともに、子どもの心身の発達、特に心理の構成に大きな部分を占めよう。これらは子どもの成長、即ち脳細胞への教育に欠かせない三部門と言えよう。

大人社会のみならず、子どもの成長に関しても、それぞれの場における「平等性」

が果たしている役割は、社会の安定のために重要であり、こうした場の存在は、地球上の国々にも当てはまる。

一つの国が一つの場となり、その国々の中にそれなりの原理を持った「平等性」が複数存在する。そうした国々が集まって、国際社会を形作っているのである。それゆえに調整をする際のむずかしさもあるのだ。いかに「平等性」のその原理を普遍的な根拠に求めるかが国際問題における重要課題であり、日本国内においては、その一例としての談合問題と罰則の在り方などが日本人の「平等性」の認識度を示す実例でもある。

一方、社会構造の中では、それなりの「平等性」を基にした立法、行政、司法が成り立っている。立法するときにも、行政を施すときにも、司法が照らす明かりも、「責任」「平等性」「人間愛」「個の尊重」「自由」の上に成り立たなければ正しいとは言えない。

人間社会を構成する人々は、人により個々その力量が異なる。体の大小から各人の能力の違い、男女の相異など、さまざまな異なりを見せる。得手、不得手などの能力を、計る側からの強弱、能力の優劣、速い遅い、高い低い、上手下手等々、相対をなす分野は多いが、いずれにしてもその両極の間に人間社会が存在する以上、そのバランスを取ることは政治の役割であり、その役割を果たさせるためには、国民全体が「平等性」の意味とともに、社会を平穏に保つ柱としての、その重要性を認め、理性の一つとして持たねば、政治もよくはならない。その啓蒙の役割は、教育部門にある。それは政治をよくするための原点でもある。ゆえに、平等に関しても、より確かな根拠が求められるのである。個々の人間や各国々が均一でないところに、「平等性」、「公平」が必要とされる根拠が存在するのである。

Ⅲ　「人間愛」について

愛情と理性愛

愛情と理性愛――この言葉ほど万人の共感を得、その必要性を思わせる言葉もないだろう、自由という言葉とともに。しかし、人間社会の中におけるその価値は、具体的にどれほど理解されているだろうか。

「人間愛」を分けると、「感情が中心の分野」と「理に基づく分野」とに大別できると私は考える。感情が中心の愛は、正に「愛情」と言えよう。この愛情の分野と、理に基づいた理性愛を合わせて、「人間愛」と呼ぶことができる。しかし、「人間愛」の根底をなす分野は、「理」を基とした「理性愛」となろう。

感情に基づく愛情は、その源である感情や感性が昂ぶっているときは活発であるが、感情が冷めてしまうと放棄してしまいがちであり、気まぐれで気ままな性質がある。

愛情の分野では、個と個の間で発生するものが主である。それは男と女、親と子、あるいは猫や犬などのペットや植物などの、自己の所有物などに対する愛情であり、その根底には相手や物（動物や物）の存在を尊重する気持ちがあり、それは、自身に安心感を与えてくれ、自分のために有益な感覚を与えてくれる価値ある対象に対して湧き出す感情なのである。

したがって、自身に対する安心感や価値、有益性が失われてくると、つまり、慣れてきて新鮮さが失われてくると、それらに対する愛情が薄れてくる。常に現在とその先に己に対する有益性が潜んでいる状態であることや可能性の存在が、より愛情を長持ちさせることになる。

感性の赴くままに周囲に発揮する愛情は、人間の持つ感情の中の一種類であり、人間や物に対する複数ある感情の中の愛の感情であり、人や動物に優しく接し、労るための原動力となっている。

人間の脳細胞の中に感情を発する分野を内蔵している以上、感情を発揮するその一つとして、喜怒哀楽、笑いなどとともに愛情も自然の感情発露の一つである。そして、その感情の赴くままに進行すると、理をも流してしまう勢いをも生み出すものであり、ときとしてそれらは自身を見失い、周囲に悪影響を及ぼすこともある。しかし大局的には、それは人間らしさの一つでもある。こうした中での愛情は、主に一面的なものに限定されやすいものであり、「理」と相対する本能、本質的分野と言えよう。そのために、社会性を問われることは少ないが、愛情が裏切られたときなどはさまざまな社会問題を引き起こすこともある。

理に基づく「人間愛」とは

理に基づく「人間愛」は、人間社会を構成する上で求められるものであり、感情ではなく事実に基づく思考である。「人間愛」は社会を営む「責任」の中にも含まれるものである。社会の中で、人々の必要性に基づいた判断と行動である。受ける側にとって何が必要で、何が助けになるかを事実に基づいて理解し、その必要とする部分を補い、助けることである。ボランティア活動などは、「人間愛」を示す分かりやすい一例である。

人々の中には、その誕生の時からすでに普通の人よりも負担を多く背負った人々もいる。また、ごく一般的な人々も、それぞれ弱い部分や苦手な部分を持って生まれ育ってくる。一つの社会や国は、そうした人々が構築し合っているのであり、人それぞれの得意とする能力や強い部分が中心となって表現された社会であり、国なのである。したがって、その裏にはさまざまな弱い部分をも含み持っている。それらをぎゅっと煮詰めたものがそれぞれの国の特徴となって、地球上のあらゆる地域で光彩を放っており、我々の日常の中でニュースとして耳や目に入ってくるのだ。

人間社会の中の個人差（経済力、健康、生き方、能力等々）においては、強い部分が弱い部分を補っているのである。これらは、個々の間であっても、強い立場の人が弱い立場の人を助け補うことは必要不可欠であり、「平等性」とも強く関連してくる。

人間社会の活動というものは、常にさまざまな不幸や苦しみを生み出す場でもあり、そうした状態の人たちの痛みをより少なくし、柔らげるためにも、周囲からの「人間愛」が欠かせない。そして、それが社会の安定にも役立っているのである。

こうした愛情を含む「人間愛」は、人間社会を複雑で巨大な歯車にたとえるなら、その歯車をよどみなく回転させるための潤滑油の役割であろう。こうした「人間愛」の持つ重要さは、社会をよりよく運営するために不可欠であり、そうした「人間愛」の存在する社会や国に対しては、人間は自然と安心感を覚え、それらに対する信頼感が生まれるのである。「人間愛」は、「責任」「平等性」「個の尊重」「自由」だけでは補えない分野である。

教育分野での「人間愛」

もう一つの「人間愛」を必要とする分野は、前述した大人社会での役割とは異なり、子どもを成長させる分野、つまり教育の分野においてのものである。

前述の「人間愛」の内容は、社会の中心をなす大人の世界の話であったゆえに、潤滑油の役割と定義したが、潤滑油は多少切れても社会は動くのに対して、幼児から大人への人間教育の中での「人間愛」は、その不足するところに、より直接的な影響を及ぼす。

子どもの成長期には、知的教育と併行して、感情を育てる分野において「平等性」と後に述べる「個の尊重」とともに、「人間愛」は不可欠な三大要素と言えよう。「人間愛」をもって接する場は、第一に家庭である。子どもが無意識のうちに信頼を寄せる両親と暮らす家庭の中での「人間愛」が、子どもの心理を積み重ねる過程で大きな意味を持っている。「人間愛」の中でも感情を中心にした「愛情」は誰でもが求め、理解し、発揮できても、「理」に基づいた「人間愛」の面での理解は、とりわけ日本人社会には少し乏しいと私の目には映る。

明らかに愛情を取り違えたとしか考えられない事件が目につくことは、その現れの一つであろうし、私の体験でも、事件にはならなくても、「人間愛」や「平等性」「個の尊重」の認識の不足が教育に対する考え方を曖昧にしているような事例が多くあった。

たとえば、家庭内における親側の自己中心的行動からくる子どもへの虐待や、過大な期待を押しつけた教育目標や、学校内の運動部活動での指導者の正しい基本理念の欠けた暴力指導等々はその例となる。

理に基づく「人間愛」は、その対象となる人にとって「ためになること」である。その根本には、一人の個の存在を認め、その人の持っている資質を尊重する、ということが基本であり、ここから出発する。「個の尊重」である。これは愛情の出発点とも同じであるが、感情のほうはその対象を自身がいかに感ずるかで反応する分野であり、理性愛は、その対象に対して何をすればよいのかの思考を必要とする。その判断には、「責任」「平等性」「自由」「個の尊重」が土台となり、その上で初めて、理を基とした「人間愛」と呼べるのである。そのためにも、曖昧な「責任」「平等性」「人間愛」「個の尊重」「自由」の認識であってはならない。

家庭の中での両親の在り方は、子どもの目から見ると、無意識ながら信頼している人間が、どのように自分に接してくれるかの正に実験場であり、子ども自身もそこで試されながら育っているのである。親としては、その実験場の中で「責任」から「自由」までの五つをより確かに使いこなすことができれば、家庭の平和も維持できるし、成長した子どもが過去を振り返ったとき、それぞれの両親の在り方が理解でき、その当時の苦労や正しさも納得できよう。また、その子どもが成長して大人社会の中に入っても、自信を持った考えを導き出すことができる。

子どもから見て、親を尊敬の対象とする条件に、社会的肩書は必要ではない。問われるのは、いかに子ども自身に、「責任」「平等性」「人間愛」「個の尊重」「自由」の五つをもって接してくれたかであり、いかにそれらを守ろうとしたかという姿勢である。それらの集大成されたものが「人間愛」であり、子どもはそれに対して尊敬を覚えるのである。

そうした中で育てることにより、幼児期からの感情の豊かさや正しい感性を育ててゆくことができる。子どもの感性は素直であり、特に「平等性」「個の尊重」とともに「理」に基づく「人間愛」に対しては、人間として無意識の欲望・欲求がこれら三要素を求める。この三要素は人間の感情を真っ直ぐに育てるための栄養素であり、栄養素の枯渇現象は、正常な感情の発育を弱め、歪んだ感情を育成しやすくする。そして屈折した心理構成を積み重ねる基となってゆくのである。

Ⅳ　「個の尊重」について

人間が心の中で不平、不満、不信を募らせる原因の基本的な要素として、「責任」「平等性」「人間愛」「自由」の不足とともに、「個の尊重」の分野が挙げられる。

人間の本能的な欲望・欲求は、その一つとして、無意識のうちに自身を周囲から認められ尊重されたいという希望を秘めている。これは、個の存在を認知されたいという欲求の存在が源となっている。

幼児が泣いて空腹を訴え、その要求を満たすのも、空腹であること以前に、自身の存在を認められることを訴えているのだと考えられる。空腹を満たすことと認知とを同時に要求しているのである。ミルクだけを要求しているのであれば、「個の尊重」を基とする「人間愛」の姿勢を見せなくても、ミルクという物質を与えればよいのであるが、体は満足しても、心の感覚は温もりのないままの状態であろう。「個の尊重」への欲求は、「人間愛」とともに始まっていると考えられる。

心の発達において、周囲からその存在や考え方を認められることは、人間を生き生きとさせ、次の目標や明日に向かっての意欲を生む源となるのである。

これは、決して子どもの要求をなんでも聞き入れて実現してやるということではなく、むしろ、それは異次元の性質である。たとえば、子どもが親に要求を出したとき、その考え方や希望は尊重の対象になるが、その要求をどうするかは、親（大人）の「責任」の分野になり、一つの要求事項は、子ども側への尊重と親の側の責任とに分かれることになる。

親子関係は、家庭の外側の社会と違って、子どもにとってそれは日夜連続して十数年間は継続する場なのであり、子どもの心の成長、感情の成長へ与える影響は大きいと言えよう。正しい理や素直な情感を育むためにも、「平等性」「人間愛」とともに、「個の尊重」の分野は、子どもの教育過程の中では欠かせない条件の一つと考えられる。

これら三要素をはなはだしく欠いたまま、長い成長期を経た人たちの中からは、自然と自己本位性の強い感情や理を構成し、やがて社会の中でさまざまな事件の主人公になるような人物が生まれる公算が大きくなるであろう。

「個の尊重」、その対象

個の尊重とは、人間の存在そのものを尊重することを始めとし、その持っている能力が示す種々の表現、思考や行動すべてがその対象となり得る。その中には、それぞれの癖や習慣などがある。これら癖や習慣は、個々はもとより国による違いからくるものまでさまざまであるが、それぞれ「平等性」を基として尊重することが重要である。

「平等性」を伴わない尊重は、偏重となる。平易に表現するならば、依怙贔屓《えこひいき》や、個人の持つ特定の部分のみを取り上げて個の存在価値とし、他を貶めることである。その人の持つ短所も長所も含めて、「個の尊重」なのである。

笑いを例に取ると、人間の本質の中の感覚、感性だけで捉えた笑いは、不信や疑問の基となる。たとえば、その人の持つ特異性のある部分に対して、攻撃し、笑うことなどである。特に、笑う対象をどう区別するかは、「個の尊重」の分野をよく認識しなければ、正しくは区別できない。

「個の尊重」の意味を知っている民族や国では、笑いの対象を健康的に笑える芸術や小話やユーモアなどの文化が発達しており、子どもにも健康的な笑いを楽しめる種々の作品を創作する教養が存在する。たとえば、ウォルト・ディズニーのアニメーション映画の数々は、第二次大戦前より現在まで制作されており、それらを観賞すれば納得できよう。

「個の尊重」の価値は、人間社会において安心や信頼感を醸成する根拠の一つである。「個の尊重」の欠如は、人間の心にさまざまな疑問や不安、不信感を生み出す基でもある。したがって、社会において、特に幼児期からの人間教育における感情、情操の発育を健全に促すための「個の尊重」の役割は、「平等性」「人間愛」とともに重要であり、「責任」と「自由」の意味を教えるためにも必要である。

こうした感性にも影響を持つ「個の尊重」においては、一方でそれぞれの個が持っている「責任」と「自由」も尊重の対象となる。それは個々が果たし得る能力の分野であり、個人であれ、グループであれ、国であれ、個々の果たし得る「責任」の分野は、原則として見守らなくてはならない。お節介は「個の尊重」を欠くことになり、本人や当事国からの不満や不信の基となり得る。ただし「責任」の連帯や共有が存在するときは異なってくる。

というのも、人間にとって、周囲からの口出しや指図は、自尊心、自己本位の欲望・欲求を無視されたことになるからである。しかし、そうした口出しや指図、指示は、当事者や当事国からの要請を受けた場合には一転してその意味が変わり、アドバイスや援助となり、善意になるのである。口出しや指示などは、それらを与える側の「責任」と「人間愛」へと変身するのである。

しかし、こうした援助も、基本に「個の尊重」を置くことが前提である。そして自身や周囲の社会を見つめるとき、「責任」「平等性」「人間愛」「自由」「個の尊重」によく照らし合わせる必要がある。

また、大人社会における行動では、社会を作る「責任」に反した言葉や行為は「個の尊重」や「自由」の対象にはなり得ない。つまりそれらは「責任」「平等性」「人間愛」「個の尊重」「自由」を損なう行為であり、その著しい行為は悪となり、刑法に触れることになり、刑罰の対象となるのである。「個の尊重」を十分に受けなければならないのは、幼児期からの成長過程なのである。それだけに重要であり、その中で育まれた「責任」と「自由」の範囲は正しく拡大してゆき、正しさを持った成人となり得よう。

Ⅴ　「自由」について

「自由」という「冠」のその下には、人間の欲望・欲求が潜んでいる。人間が生きようと発するところに、諸々の欲求という根が張っている。その上に幹を育て枝葉を伸ばす。それが行動である。

人間は誰しも自己本位に欲望・欲求を発揮したい。その欲望・欲求の中で人間は無意識のうちに自己防衛を図っている。

人間の身体の仕組みを見ても、その人間の防御態勢が作られていることが分かる。体に細菌やウイルスなどの病原体が侵入しても、リンパ球や白血球など種々の防衛機構が活躍し、それらから身を守る。

私たちは社会を営む宿命を持っている。その中での「自由」に対しては、当然、いくつかの束縛と限界域がなければ成り立たない。人間に社会をつくり営む宿命がある限り、その社会を維持することを大前提とした決めごとをつくり、みんながそれに理解を示し従わなければ、住みよい社会とはならない。しかし、限界とするその範囲は、何により決められるのであろうか。

個々や企業体、各種団体などの束縛は、各種の法律や規則となって条文化され、その存在理由は社会全体をコントロールするためであり、理解できよう。しかし、人間の知恵が創出するさまざまな表現や経済活動、思想や文化等々におけるさまざまな「自由」は、どこまで「自由」なのであろうか。これら「自由」に関する定義も、現在、それほど明確ではない。

「自由」の限界、それは人間社会をよりよく築くのに必要な「自由」でなければならない。そのためには「責任」「平等性」「人間愛」「個の尊重」を侵さない範囲が正しい「自由」の限界と言うことができる。

特に、人間の宿命からくるところの「社会をつくる責任」論が、日本には乏しく思える。身近に、いくらでもその状況を示すものがある。子どもの目に触れるところに俗悪な本が売られていることや、〝まとも〟と思われる大人の週刊誌や月刊本に、これ見よがしの写真と記事が載っている。しかし、これらの文化面の在り方についての批判は、あまり聞かれない。自浄努力をするための根拠の曖昧さが、その原因であろう。つまり、日本人の理性、教養といった知性に関する内容とその根源を、どれほど正確に捉え、理解しているのかを私たちは問われているのだ。

私も種々の国語辞典や辞書を漁って、理性、教養、知性についての項目を検索してみたが、どの辞書にも納得のゆく根拠が示されていないのが実情である。だが、理性、教養、知性のそれぞれの根底として、「責任」「平等性」「人間愛」「個の尊重」「自由」をいろいろな場面での思考や判断と、また社会的討論のときの論拠として位置づけることにより、納得いただけると思う。

誰にも束縛されたくない〝自由〟と、社会をつくる〝人間の宿命〟とは矛盾する。しかし「自由」の本質が欲望の魂である以上、社会をつくるための基本原理に照合せねばならない。原則、それが「責任」「平等性」「人間愛」「個の尊重」「自由」なのである。

人間の欲求（自由）を知りたければ、子どもの生態を見ればより理解しやすい。社会をつくるための「責任」を負わない子どもたちの生態は、そのまま人間の「自由」な欲望・欲求を示していよう。それらをより正確に洞察することにより、素直な人間の自由な欲望・欲求と好奇心の一部を見ることができる。

社会という観念の育っていない低年齢層ほど、その欲求、好奇心からくる言動は素直で、何の疑問も抱かずに親に要求を示し、そして活動する。その中には微笑ましい言動もあるが、大人から見ると、予想外の動きをしてハッとさせられることもある。それらの言動は、自己中心的であり、自分だけが納得したいがための欲求である。こうした幼少期の欲求は、まだ多様化も複雑化もしていないし、その対象は多くはない。しかし、知恵の発達とともに、いろいろなものの価値観が理解できてくると、自然と欲求と好奇心は多様化してくる。そうした過程を経て成長していくのであるが、まだまだ家庭の中や社会の規則に対しては順応性の高い年代である。

しかし、自己本位の欲求と自由は、やがて成人し大人社会においてもその願望は絶えることなく続くのであり、それがあるからこそ、人間社会の活動は活発に動くのであり、自由な欲望こそ人間自身が生きるため、社会が動くための原動力となっているのである。この自由な欲望の中にこそ、人間社会ばかりか地球全体までも危機に陥れる、質のよくない〝自由〟の部分がある。それは理性の基礎となる「責任」「平等性」「人間愛」「個の尊重」に対して、自己本位の本能が忌避の方向性を示すことによる。

自己本位の自由（欲望・欲求）を取り囲む「責任」や「平等性」「人間愛」「個の尊重」は、「自由」の部分を束縛されているようにも思え、それらと自身との関わりを少なく、小さくしようという心理的働きのため、本能的には周囲に対して「責任」「平等性」「人間愛」「個の尊重」を果たしたがらず、相手の「自由」も認めたがらない。これらと逆に、自己本位の「自由」は無限に求める本能を有している。

一方、「自由」を無視されたり、抑圧をされると、そんな人間にとって疑問や不信を生む始まりとなり、不信感へと繫がっていく。これは人間の本能の自然の働きであり、人間の心の原理である。したがって、正しい「自由」の在り方を求めていくことは、必然的な方向性と言えよう。

Ⅵ 「自由」対「責任」「平等性」「人間愛」「個の尊重」

人間の持つ欲望・欲求の対象として、「責任」「平等性」「人間愛」「個の尊重」「自由」について、その個々の言語の持つ特質を並行して述べてきたが、別の視点から見ると「自由」対「責任」「平等性」「人間愛」「個の尊重」とした構図が成り立つ。

「自由」（欲望・欲求）対「理性」

「自由」を求めるその原点は、自己を中心とした欲望・欲求が起点になっている。本来的には無限であり、それは幼児の動きを観察すれば十分理解可能である。それらは、善悪のない「自由な欲求」を示している。その本質は、人の一生の間存続する。この無限の欲望・欲求とは、「裸の自由」と同義語でもある。しかし、人間が宿命的に社会をつくり営む以上、むき出しの「自由」では社会を歩めまい。それは衣服を着用せずに人前を往来することと同じであり、人間社会を乱す源となるのである。

裸の「自由」に着用するべき衣服とは

そこで、一人前の正しい「自由」にするために必要不可欠なこととして挙げられるのが、「責任」「平等性」「人間愛」「個の尊重」の四項目で織り上げた理性という「衣服」なのである。それも、できるだけ丈夫な衣服がベストである。それを着ることにより、一人前の社会人、国際人となれるのである。

「自由」の原型である裸の「自由」に、理性の基を司る「責任」「平等性」「人間愛」「個の尊重」を身につけることにより、正しい意味を持つ「自由」と言えるようになるのである。そして、「責任」「平等性」「人間愛」「個の尊重」のそれぞれを侵さない範囲が、真の正しい「自由」と呼ぶことができよう。

我々がそうした「正しい自由」の中で生きることで、人間社会に、「住みよい社会」と「平和」が訪れるのであるが、実際には、常に理性と欲望・欲求（自由）との狭間で、心を揺らしながら生きているのが現実の人間社会と言える。しかし、「責任」「平等性」「人間愛」「個の尊重」「自由」の五つの言語を常時意識することは、人々の心の指針として、また座標として重要な役割を果たすことになるだろう。

日本語の意味の根拠として

一方で、「責任」「平等性」「人間愛」「個の尊重」「自由」が包含している重要な位置づけとして、前述した人間社会におけるさまざまな思考や判断や行動などのような、人間社会での役割とは別の分野での根拠としても存在する。

ここで日本国民なら誰でも習う文字、単語、熟語の数々と「責任」「平等性」「人間愛」「個の尊重」「自由」との関係について述べておきたい。ここで、特に人間の心や思考に関する単語を中心に、日常使用している言葉や文字を並べてみよう。

正義、勇気、善行、悪、不正、不安、不信、信頼感、国際人、国際感覚、教養、人格、人権、理性、倫理、道徳、道理、幸福、不幸、罪と罰、司法、立法、行政、憲法、民主主義、資本主義、社会主義、感動、憎悪、喜、怒、哀、楽、笑……。

等々。多数の日本語の意味に対しても、「責任」から「自由」までの五つの言語は、そのすべてにわたっての根拠としての意味を持っている。

たとえば「道徳」について、しばらく前から（二〇一四年現在）、教育を考える機関において道徳教科を導入しようとする考えが浮上している。ここでは道徳の教科書を作成する立場の人々が、どれほど自信を持った論拠を有しているかが問われることになろう。その内容を支えるためには、「責任」から「自由」までの五つの言語を基本に据えることで初めて正しい道徳論が可能になるのである。

「責任」「平等性」「人間愛」「個の尊重」「自由」の意味を含まずに「道徳」の論理が成り立つであろうか。それは不可能に近い。道徳と「責任」から「自由」までの五つの言語とは、分離不可能な関係にあるのだ。

また、「教養」の意味を語るときにも同様である。「責任」から「自由」までの意味を欠いた思考や言動が、果たして真の教養と言えるであろうか。教養の根拠も、「責任」「平等性」「人間愛」「個の尊重」「自由」なのである。以下、前述したそのほかの言語も同様の形態をもって説明できる。

また「勇気」という意味に対しても、勇気を奮うその対象は、さまざまな行動を基に分析してみると、「責任」を果たすためか、「平等性」を守るためか、「人間愛」を守り果たすためか、「自由」を守るためか、「個の尊重」を求め守るためかに分類できよう。

これらの勇気に対して、その反対の意味の勇気も存在しよう。「責任」から「自由」に対して、逆らうための勇気である。正しい理性の強い人ほど、その勇気を必要としよう。つまり、悪の方向性に対してである。これらは、残念なことだが、戦争時には適用を強いられる。軍隊である陸・海・空などの軍人が、もし交戦状態となったとき、その使命とする目的のためには、「人間愛」や「個の尊重」は捨てなければ目的には向かえないからである。したがってこれは、「勇気」と言うより「使命感」のほうが正しいだろう。

「責任」から「自由」の五つの言語は、前述した人間社会における社会の運営に関わる分野とともに、日常用語の分野においてもその根底をなしているのである。ゆえに、日本の最高学府たる大学では、基礎教養の分野ではより確かな論理を有した内容を有することが必須であろう。その中から生まれた人材は、人間社会のあらゆる分野において貢献できるし、また国際社会においても日本人の信頼度は高まるだろう。

「責任」「平等性」「人間愛」「個の尊重」「自由」それぞれとの関連性

ここに、「責任」から「自由」までの五つの言語、それぞれが関連し合う様を視覚化してみると、それはたとえば、一人の人間の体として捉えることができる。

人間には、頭、手足と内臓を含む胴体があって一個体を形成している。それぞれの働きは異なるが、各部分が合体して一人の人間として活動できるのである。頭は脳細胞の活動をはじめとして、体中のすべての器官や細胞を束ね、神経を通し、管理監督の働きをするためにあり、胴体は身体の健全な維持を図るための諸々の働きをし、手足は行動するための働きをする。これらが一体となって、一人の人間を形作っている。こうした働きの異なる部分がよりよく発達し、よどみなく関連し合い、活動できてこそ、健康体と言えるだろう。

「責任」から「自由」までの五つの言語の関連性も、正に同様であり、その五つがそれぞれ異なる内容を有しながら関連し合って、一つの社会、国を形作っていることに変わりはない。問題は、「責任」から「自由」までの五つの言語をいかに理解し、理性の基とするかである。その認識具合により、社会や国の健康の在り方も違ってくるのであり、スケール的には大変大きな幅と深さと重さを有していると言えよう。

理性は、人間によってつくられるものである。人間がその誕生から有している本能や本質をいかにコントロールしていけるかは、理性の質によろう。そのために、私たちがやらねばならないことは、常に事実を求める姿勢と、精神としての継続性である。そして、操作されない事実を集積するための努力の持続が必要である。

教育論を求めるとき、よき社会人を目標として考える必要があろう。その先にあるのは、理性を備えた人間ではなかろうか。より確かな「理」を育んできた社会人ならば、各家庭の中心としても、また地域社会においても、国や多様な国際社会においても、その思考や判断は、相手側により理解が得られるような説得力を生む原動力となり得る。また、国際社会、地域社会を問わず、人間社会においては、信頼を相手に与えることもできる。こうした広い大きな意味を持つその中心的役割として、「責任」「平等性」「人間愛」「個の尊重」「自由」があり、教育論も人間社会の中での大人の役割を分析した上で初めて成り立つと考えられる。なぜなら、幼児からの教育は、よき大人（社会人）を目標とすることをその「目的」としなければ正しいとは言えず、そうでなければ、より確かな教育理論は成り立たず、確かな教育理論の不在は、人間社会の中に想像や空想、思想、希望、推察などによる、事実の追求を怠った安易な理論の横行を生みやすい。また国際社会においても、たとえ国々により思考方法や論理が同一でなくても、その根底には「責任」「平等性」「人間愛」「個の尊重」「自由」を潜在的に周囲に求める人間の本質が存在している。

宗教との関係について

「責任」から「自由」までのこの内容については、人間社会に多く存在する宗教とは無縁である。むしろ、各宗教界の指導者にも、「人間は何に反応して生きているか」の原点である「責任」「平等性」「人間愛」「個の尊重」「自由」を源流として生じてくる人間のさまざまな心の哀しみや喜びなど、各宗教と十分溶け合う内容を秘めていることをご理解いただけると思う。各宗教の信者は、その信仰により、心の寄りどころとしての安らぎを求めるが、一方では信仰心が強いほどその心を一方通行的に導く心の繋がりを生む。それが、信仰する教義、教典への客観的思考を奪い、盲目的になった例もある。かつての「オウム真理教」の起こした猛毒の「サリン」を散布し世界初の毒ガステロとも言われたこの事件を忘れることはできない。これらも、オウム教団への信者の盲信がその根底にあろう。

このように宗教の持つ一面として、信者に通常備わっている思考の一部分を、信仰する宗教の教義、教典に委ねてしまう傾向を生じ、普遍的な判断力に影響を及ぼすことも否定できない。

信仰は自由であり、大事ではあるが、その対象となる宗教の教義、教典にも関心を払うことも必要である。

どの宗教にせよ、人々に心のよりどころとしての役目と慰めの場を与えるのであり、その選択基準の一つとして「責任」「平等性」「人間愛」「個の尊重」「自由」と照らし合わせるのも、一つの道であろう。

各宗教における教義や教典にしても、もしその内容に「責任」「平等性」「人間愛」「個の尊重」「自由」のうちいくつかを欠く教義、教典を含むような場合、それは正しい宗教とは言えないと考えられる。なぜなら、宗教を信奉する人たちも、みな同じ人間だからであり、心の原理は同一であるからである。

Ⅶ　総論

　以上、「責任」「平等性」「人間愛」「個の尊重」「自由」の各項目を語るために、その前提となる、人間が生きるために発するところの欲望・欲求を中心とした本質、それらを持ち合わせた人たちが織りなす人間社会の出来事を基礎に、私なりに分析してみた。

「責任」から「自由」までの各項目の内容は十分とは言えないが、私が教育論を求めるとき考える、人間社会で必要とされる知識と生活技術を中心とした学校教育とは異なった人間形成のために必要な土台としての、また柱としての役割を述べてみた。

「大人の条件とは何か」についても、これにより理解できようし、子どもの心が健全に育つためには何を備えて成長していくことが大事な要素であるか、また大人として社会人としての必要性も明確にしたつもりである。「責任」「平等性」「人間愛」「個の尊重」「自由」を、もっと詳細に知ることにより、幼児からの育児教育課程を組むこともできようし、子どもが成長する過程の中で示す諸々の疑問を解いてやることもできよう。

「責任」から「自由」までをよく理解することは、そのまま人間の本質である欲望・欲求の内容を知ることにもなり、それはイコール人間を理解することなのである。人間を理解できれば、「責任」から「自由」までの五つの言語の内容が、人間といかに深い関わりを持っているかも理解されることと思う。

また、それにより学校教科の中の「道徳論」もより確かな内容になるであろうし、そのためのプログラムも組みやすくなると考えられる。そして最高学府においては、教養の基礎部分として、また人間社会のあらゆる分野を専攻する人たちも、その基礎として、人間と、「責任」「平等性」「人間愛」「個の尊重」「自由」との関係を学ばなければ、正しい思考を求めるときにも、正しく洞察するときにも、自信の持てる判断には結びつかないと考えられる。

特に、未来へ向かっての人材の育成を担当する教育部門では、これらは不可欠の分野であると考えるのである。

おわりに

私は「確かな教育論とは何だろう」という、率直な疑問を追い求めた。その結論として、「責任」「平等性」「人間愛」「個の尊重」「自由」までの五項目に辿りついたが、その過程ではより多くの事実を分析をし、また実験を重ねたうえでの内容を述べてきた。

「責任」から「自由」までの各項目の内容を、それぞれ象徴的な事実を詳細に取り上げることよりも、一つの項目の及ぶ限りの範囲をより網羅的に表現する方法を選択したために、理解しがたい部分も多くあろうと思う。一つの言語がいかに人間の本能、欲望・欲求と密接な関係にあるかを本論文の中心課題とし、我々日本人全般の思考における曖昧な部分を提示したが、これからの日本人を含む人間教育の理論の土台としての「責任」「平等性」「人間愛」「個の尊重」「自由」の五つの言語が含むそれぞれの特徴がいかに人間の欲望・欲求と密接に結びついているかの認識を深めていただくことを願ってやまない。

人間の心は世界共通であり、世界中の人々が起こすさまざまな行動を見つめるとき、「責任」「平等性」「人間愛」「個の尊重」「自由」の五つの原理に照らし合わせることにより、分析と評価の確認ができることと思う。

こうした作業の結果、副産物の一つとして、私自身の中の「日本語」に対して本当に「自信」を持てるようになった。それは「責任」から「自由」までの五つの言語の事実の確認と分析がなされたことにより、それまでなんとなく曖昧であったいくつかの日本語の語意が以前よりも明確になり、これまで頼りにしていた辞書の中の「責任」「平等性」「人間愛」「個の尊重」「自由」についての説明の曖昧さが氷解していくように思えた。

不思議に思うのは、この「責任」「平等性」（公平性）、「人間愛」「個の尊重」「自由」の五つの言語は、ほかの日本語、特に人間を律する分野での思考や判断や決定等に関する多くの日本語、「道徳」や「倫理」、「教養」や正義や不正、さらにはもっと大きな、国や社会の中での民主主義、社会主義など、人間社会を構築している思想や主義を分析するための「物差し」としても、十分耐え得る根拠になるのである。しかし現在まで、こうした人間の本質と言語との関係に迫った講義や書籍などに私は触れた記憶がない。

特に「責任」「平等性」（公平性）、「人間愛」「個の尊重」「自由」の五言語それぞれの語意に関しては、なぜ未解のまま現在に至っているのだろうと思う。もしかして、これらは順応性が高く知的好奇心はあまり旺盛ではない日本人の気質が見逃しているのであろうか。

私たちが人間の心の原理を理解しておくことは、人間の教育をはじめとする社会すべての思考と行動を司るすべての面においての「礎」として不可欠な分野ということができると考えるのである。我々人間は「責任」「平等性」（公平性）、「人間愛」「個の尊重」「自由」に囲まれ、またそれぞれを「心の深層」で求めながら暮らしているのである。

最後に、本書作成にあたり、いろいろお骨折りをいただいた皆様方には、心よりお礼申し上げます。

二〇一四年七月

山本行雄

著者プロフィール
山本 行雄（やまもと ゆきを）
1941年２月、神奈川県相模原市上溝（現在は中央区上溝）に生まれる。
地元で義務教育終了後、農業に従事。その後、人間の生態に関心を持ち、
現在に至る。

人間と教育　欲望・欲求と理性

2014年10月15日　初版第１刷発行

著　者　山本 行雄
発行者　瓜谷 綱延
発行所　株式会社文芸社
〒160-0022　東京都新宿区新宿１－10－１
電話　03-5369-3060（編集）
03-5369-2299（販売）

印刷所　広研印刷株式会社

ISBN978-4-286-15535-7